100 blagues!

N° 3

**Blagues et devinettes
Faits cocasses
Charades**

Conception et illustration de la couverture :
Dominique Pelletier

Conception graphique :
Monique Fauteux

Direction d'édition :
Lynda Burgoyne

Éditions

100 blagues! Et plus…
Nº 3
© Éditions Scholastic, 2004
Tous droits réservés
Dépôt légal : 2ᵉ trimestre 2004

ISBN 13 : 978-0-439-95877-6
ISBN 10 : 0-439-95877-6
Imprimé au Canada

Éditions Scholastic
604, rue King Ouest
Toronto (Ontario)
M5V 1E1
www.scholastic.ca/editions

Qu'est-ce qui est jaune et qui roule vite?

Un citron pressé!

Depuis 1949, il s'est vendu plus de 3000 tonnes de « Silly Putty ». Mais où sont-elles passées?

Mon premier est le verbe « aller » conjugué à la 3e personne de l'indicatif présent.

Mon deuxième est synonyme de chalet.

Mon troisième est un adjectif démonstratif.

Mon tout est une période de repos.

Un extraterrestre arrive sur la Terre et se met à parler à une pompe à essence. Quelques minutes plus tard, il s'arrête et lui dit :

   - Tu pourrais m'écouter quand je te parle et ôter ton doigt de ton oreille !

LE SAVAIS-TU ?

Quand on croque un **Lifesaver** au thé des bois, cela peut créer des étincelles. Essaie dans le noir, tu seras surpris!

Pourquoi les hommes ne mettent-ils jamais deux fois le même complet quand ils veulent être élégants?

Parce que la mode a changé entre leur **mariage** et leur **enterrement**.

Le Canadien Robert Foulis a inventé la corne de brune. Il a installé la première sur l'île Partridge, dans le port de Saint-Jean (N.-B.), en 1859.

Mon premier compte douze mois.

Mon deuxième se lance.

Mon troisième est un
déterminant féminin.

Mon quatrième est un pronom à
la 1re personne.

Mon tout cache le cadeau.

À l'automne, les monarques migrent
du Canada jusqu'au Mexique.

Un couple assiste à une pièce de théâtre très **ennuyeuse**.

- Regarde, dit la femme, en donnant un coup de coude à son mari, il y a déjà huit personnes qui dorment.

- **Ce n'est pas une raison pour me réveiller...**

Un homme achète deux **perroquets**, un **rouge** et un **vert**.

Un jour, les deux **perroquets** s'envolent et se posent sur un arbre.

L'homme demande à son fils d'aller les récupérer. Celui-ci ne revient qu'avec le **perroquet rouge**.

- Mais où est le **vert?** demande le père.

- Je ne l'ai pas ramassé, parce qu'il n'était pas encore **mûr**, répond son fils.

- Mathieu, est-ce toi qui a appris tous ces **gros mots** à ta petite sœur?

- Non, je lui ai juste donné la liste des mots qu'il ne fallait pas dire.

Les monarques se déplacent
à environ 16 km/h.

POURQUOI LES ÉTATS-UNIS NE VOIENT PAS LE BOUT DU TUNNEL?

RÉPONSE : PARCE QUE GEORGE BOUCHE.

Mon premier est le contraire de sous.

Mon second est la partie du mur où l'on branche une lampe.

Mon tout se trouve sous l'arbre de Noël.

La couleur des jaunes d'œufs dépend de ce que les poules mangent. Celles qui sont nourries au maïs blanc donneront des œufs aux jaunes pâles, presque

incolores.

Un petit garçon creuse un **grand trou** dans son jardin.

Son voisin lui demande :

- Pourquoi fais-tu un si **grand trou?**

- J'enterre mon hamster qui est mort.

- C'est un **bien grand trou** pour un si petit hamster.

- Mon petit hamster est dans **le ventre de votre gros chien!**

- Papa, pourquoi regardes-tu toujours en bas des rayons au supermarché?

- Pour trouver les prix les plus

bas!

Mon premier est la 8ᵉ consonne de l'alphabet.

Mon second est la première note sur la portée.

Mon tout fait toujours plaisir.

Il y a une chose que les enfants usent plus vite que leurs fonds de culotte :

ce sont les nerfs de leurs parents.

Qu'est-ce qui est blanc, qui tombe du ciel et qui finit par « ile »?

De la neige, imbécile!

L'œil humain peut différencier près de **8 millions** de nuances dans les couleurs.

Un enseignant demande à ses élèves :

  - Est-ce que quelqu'un peut me dire ce qu'est la **poussière?**

  - C'est de la **boue** dont on a enlevé **l'eau**.

Deux dindons se rencontrent dans la basse-cour. L'un demande à l'autre :

  - Où est-ce que tu passes Noël cette année?

Combien faut-il d'ados pour changer une ampoule?

Cinq. Un qui monte sur la table et les quatre autres qui **tournent** la table.

~~~~~~

Un coq entre au poulailler avec un œuf d'autruche. Il convoque ses poules.

– Mesdames, je ne voudrais pas vous vexer, mais vous voyez ce que produit la **concurrence**?

Une goutte de sang peut contenir jusqu'à **5 millions** de globules rouges.

Mon premier sert à coudre.

Mon deuxième est humain.

Mon troisième est la première
voyelle de l'alphabet.

Mon quatrième est le verbe « scier »
conjugué à la 1re personne du pluriel
(indicatif présent).

Mon tout est dans le sapin.

LE SAVAIS-TU?

Certains vaisseaux sanguins d'une baleine bleue sont assez gros pour qu'un petit enfant puisse s'y déplacer.

Un enfant ne remet **jamais** au lendemain ce qui l'empêche d'aller se coucher le soir même.

La couleur de la coquille des œufs dépend de la race de poulet. Les œufs à **coquille brune** ne sont pas plus nourrissants que les œufs à **coquille blanche**.

- Quel beau cadeau d'anniversaire!
Je ne trouve pas les mots pour te dire
combien je suis contente!

- Bien, l'année prochaine, je t'offrirai
un dictionnaire!

∘∘∘∘∘∘∘∘∘∘∘∘∘∘∘∘∘∘∘∘∘∘∘∘∘∘∘∘∘∘

Au magasin :

- Cherchez-vous quelque chose,
madame?

- Oui, j'aimerais avoir une robe
de **chambre**.

- Très bien, de quelle grandeur
est votre **chambre**?

- Papa, dit un petit garçon, notre enseignant ne sait même pas à quoi ressemble un **cheval!**

- Vraiment? Cela m'étonne...

- C'est vrai! Quand je lui ai montré le **cheval** que j'avais dessiné, il m'a demandé ce que c'était.

Mon premier est la dernière syllabe de dimanche.

Mon deuxième est la 3e note de la portée.

Mon troisième est tout juste sorti du ventre de la mère.

Mon tout est l'issue préférée du père Noël.

29

Une balle de baseball bien lancée ne survole le marbre que pendant environ 1/100 de seconde. Pas étonnant qu'il soit si difficile de les frapper!

Mon premier contient tous tes membres.

Mon deuxième est la première voyelle de l'alphabet.

Mon troisième est un déterminant masculin.

Mon tout est un groupe de personnes qui chantent.

Il est possible que les livres
qui ne sont pas imprimés
aujourd'hui sur du papier non
acide se désintègrent dans
environ 50 ans.

Que préfèrent les abeilles dans le mariage?

La lune de miel!

Deux amis regardent la lune :
- Tu crois que la lune est habitée?
- Ben oui, il y a de la **lumière!**

Mon premier est le masculin de mère.

Mon deuxième est « fils » en anglais.

Mon troisième divise la préhistoire en périodes.

Mon tout est souvent un héros.

QUAND EST-CE QUE DEUX ROUTES
SE BLESSENT?

RÉPONSE : QUAND ELLES SE COUPENT.

Deux fous, en plein désert, font la
course Paris-Dakar.

- Il vient de neiger, dit le premier.

- Tu crois? demande le deuxième.

- Ben oui! Regarde, ils ont sablé
la route!

Mon premier est « moi » en anglais.

Mon second est parfois étoilée.

Mon tout marque le début d'une nouvelle année.

Un jeune dit à sa mère qu'il ne veut plus aller à l'école.
Sa mère lui demande pourquoi. Il lui répond :

  - C'est parce j'ai lu dans le journal qu'un homme s'était fait assassiner **parce qu'il en savait trop.**

Deux abeilles discutent :
- J'ai pris un abonnement
à Internet!

- Super! Je vais pouvoir t'envoyer
un e-miel?

· ·

Émile demande à sa maman :
- Est-ce vrai que, quand on
meurt, on devient poussière?
- Eh oui, hélas!
- Oh! Alors viens voir, il y
a un **mort** sous mon lit!

Les gens bâillent plus souvent quand quelqu'un le fait devant eux. Le seul fait de penser à bâiller (ou de lire à ce sujet) devrait vous faire bâiller.

Est-ce que ça marche?

Loulou et son père se promènent dans un port de pêche :

- Regarde le beau **bateau**, papa!

- Ce n'est pas un **bateau**, c'est un **yacht!**

- Ça s'écrie comment « **yacht** »?

- Tu as raison... c'est un **bateau!**

●●●●●●●●●●●●●●●●●●●●●●●●●●●●●●●●●●

-Tu as une **banane** dans chaque oreille.

- Quoi?

- **TU AS UNE BANANE DANS CHAQUE OREILLE!**

- Quoi? Excuse-moi, je ne t'entends pas, j'ai une **banane** dans chaque oreille.

En 1986, le président de la Société futuriste mondiale avait prédit qu'en 2004, il lui faudrait porter des vêtements remplis d'hélium, pour marcher plus aisément.

Les mâchoires du diable de Tasmanie
sont assez fortes pour croquer la
tête d'un mouton, y compris le crâne.

Le juge demande à l'accusé :

- Expliquez-moi comment vous avez fait pour voler tous ces lingots d'or et les transporter sur votre dos.

- Ce n'est pas la peine...

Vous n'y arriverez jamais!

Mon premier est la seconde note de la portée.

Mon deuxième est synonyme d'hier.

Mon troisième est un pronom personnel indéfini.

Mon tout a lieu la nuit de Noël.

Un petit garçon écrit au père Noël :

« Cher père Noël, cette année, je voudrais juste une paire de **gants** et une **tuque**. »

Les postiers, émus de cette lettre, se cotisent pour les lui offrir. N'ayant pas assez d'argent, ils ne lui envoient que la **tuque**.

Deux mois après, les postiers reçoivent une autre lettre du garçon, qui écrit :

« Cher père Noël, merci pour la tuque, mais les nonos de la poste ont gardé les **gants**. »

À QUELLE QUESTION NE PEUT-ON JAMAIS RÉPONDRE « OUI »?

RÉPONSE : « DORMEZ-VOUS? »

Mon premier est la partie rebondie et douce du visage.

Mon second sert à relier deux idées.

Mon tout est l'activité préférée des enfants.

DANS LA PHRASE : « LE VOLEUR A VOLÉ LES POMMES », OÙ EST LE SUJET?

RÉPONSE : EN PRISON.

« Lower North Branch Southwest Miramichi » est le nom géographique le plus long du Canada.

- Cet animal est un crocodile.
- Un croque Odile? Ouf!
Heureusement que je m'appelle

Cécile!

QU'EST-CE QUI EST PLUS GRAND QUE LA TOUR CN ET QUI NE PÈSE PAS UN GRAMME?

RÉPONSE : SON OMBRE.

La rue la plus ancienne du Canada est « Water Street », à St-Jean (Terre-Neuve).

QU'EST-CE QUI EST JAUNE, TOUT PETIT ET QUI FAIT « CRAC! CRAC! »?

RÉPONSE : UN POUSSIN QUI MANGE DES CROUSTILLES.

Mon premier est la partie rebondie au bas de ton dos.

Mon second est une plante aromatique.

Mon tout est un repas de fête.

QU'EST-CE QUI EST BLEU, BLANC ET ROUGE?

RÉPONSE : UN SCHTROUMPF QUI SAIGNE DU NEZ.

Mon premier est un raccourci pour désigner les garçons.

Mon second est le contraire de tard.

Mon tout est un dessert dont les enfants (et les adultes!) raffolent.

Un hélicoptère s'est écrasé
dans un cimetière.
La police a déjà récupéré
plus de **300** morts...

●●●●●●●●●●●●●●●●●●●●●

Les piles de votre radio-cassette
dureront plus longtemps
si vous baissez le son.
C'est bien bête, **non?**

Le juge du tribunal correctionnel interroge l'accusé :

- Quels sont les faits qui vous sont reprochés?

- On me reproche d'avoir fait mes achats de Noël trop tôt!

- Mais ce n'est pas un crime ça. Et comment ça, trop tôt?

- Ben, avant que le magasin ouvre...

-Hier soir, je jouais du piano dans un concert.

- Comment ça s'est passé?

- Plutôt mal.

- Pourquoi?

- Quand je me suis assise au piano, tout le monde s'est mis à rire.

- Tu as si mal joué?

- Non, il n'y avait pas de banc...

COMBIEN DE BEIGNES UN GARÇON PEUT-IL MANGER, L'ESTOMAC VIDE?

RÉPONSE : UN SEUL. APRÈS ÇA, SON ESTOMAC N'EST PLUS VIDE.

À l'arrêt d'autobus, maman Tortue dit à son fils :

- Ne t'éloigne pas trop, l'autobus passe dans **deux heures.**

C'est le Canadien Arthur Sicard
qui a inventé le souffleur à neige
pour les trottoirs, en 1925.

Plus de la moitié des 206 os de notre corps se trouve dans nos **mains** et nos **pieds**.

Un chiot demande à sa maman :
- Dis, maman, mon nom, c'est
Assis ou **Couché?**

Mon premier est la partie
épaisse et droite de l'arbre.

Mon second est un gaz
échappé.

Mon tout est un instrument
de musique à vent.

- Sais-tu pourquoi mon voisin n'arrivait pas à endormir ses enfants le soir?
- Non.
- Parce qu'il leur chantait des **chansons à répondre!**

L'autoroute **transcanadienne** est l'autoroute la plus longue du monde : 7821 km.

Le papa de Nicolas n'en peut plus : ce dernier fait trop de **bêtises**. Il décide d'emmener Nicolas chez le docteur pour le faire soigner.

- Achetez-lui une bicyclette, dit le docteur.

- Il fera moins de **bêtises?** demande le papa de Nicolas.

- Non, dit le docteur, il ira les faire **plus loin**.

POURQUOI LES HOMMES SIFFLENT-ILS MIEUX QUE LES FEMMES?

RÉPONSE : PARCE QU'ILS ONT UNE CERVELLE D'OISEAU.

Mon premier compte douze mois.

Mon second est le pronom sujet à la 1re personne du singulier.

Mon tout est un personnage spirituel.

Un homme entre dans un bar et
demande :

- Est-ce que quelqu'un aurait perdu
un gros rouleau d'argent, avec un
élastique enroulé autour?
Un client s'approche et dit :

- Oui, oui, c'est moi, c'est à moi!

- Tenez, j'ai retrouvé l'**élastique**...

Deux mouches sont sur un tas de déchets, l'une pète et l'autre lui dit :
- **T'es dégueulasse, on est à table!**

Le Wood Buffalo Park, situé dans le nord de l'Alberta, est le plus grand parc national du monde.

POURQUOI TON CHIEN TOURNE-T-IL EN ROND AVANT DE S'ASSEOIR?

RÉPONSE : C'EST UN CHIEN DE GARDE. IL REMONTE SON SYSTÈME D'ALARME!

Une marmotte qui hiberne ne respire qu'une fois toutes les cinq minutes.

- Vous connaissez l'histoire de Paf le chien?

- Non.

- C'est un chien qui traverse la rue. Une voiture arrive à toute vitesse et...

« Paf » le chien!

Chez le dentiste :

- Si vous ne vous brossez pas les dents, vous allez toutes les perdre et, après, **vous vous en mordrez les doigts!**

Deux bonbons se promènent tout
nus dans la rue. Un policier
s'approche :

– Vos papiers!

●●●●●●●●●●●●●●●●●●●●●●●●●●●●●●●●●●●●●●

Le cœur bat en moyenne environ
103 680 fois par jour.

- Simon, as-tu changé l'eau du poisson rouge?

- Non, maman, il n'avait pas **tout bu!**

Mon premier est un cri pour attirer l'attention.

Mon second est le gardien des troupeaux.

Mon tout est l'action d'accueillir quelqu'un chez soi pour la nuit.

Toc! Toc! Toc!

- Qui est là?
- Anna.
- Anna **qui?**
- Anna **plein le dos!**

· ·

Un automobiliste qui a écrasé un poulet le rapporte à la ferme voisine :

- C'est à vous ce poulet?
- Non! Les nôtres ne sont pas aussi **plats!**

Le facteur de
refroidissement est une
mesure du froid que le
corps ressent réellement,
et non pas la mesure de
la température qu'il fait.

- Pourquoi tes voisins refusent-ils de pratiquer le ski nautique?

- Parce qu'ils n'ont pas trouvé de lac **en pente**.

Quel bruit fait un Inuit qui boit sur la banquise?

- **Igloo, igloo, igloo**.

Les humains respirent environ 10 000 000 fois par année. Heureusement qu'on n'a pas à se souvenir de le faire.

Un homme qui visite une ferme
demande à une vache :

- Pourquoi vous ne parlez pas?

La vache répond :

- Tu ne sais pas lire? C'est
écrit « **La ferme** » sur la
pancarte de l'entrée.

- Dis, maman, est-que
les **citrons** ont des **pattes?**

- Bien sûr que non, voyons!

- Ben alors, je crois que j'ai
écrasé un **poussin** avec ma
trottinette...

Un photographe s'apprête à prendre une photo de groupe lors d'un séminaire d'avocats. Il regroupe tout le monde sur les marches du palais des congrès, puis il dit :
- Attention, maintenant, tout le monde dit « **honoraires** »!

Un crocodile croise un chien et lui dit d'un air dédaigneux :
- Salut, **sac à puces!**
L'autre répond :
- Salut, **sac à main!**

LE SAVAIS-TU ?

Dans *Les misérables* de Victor Hugo, il y a une phrase de 823 mots qui contient 93 virgules et 51 points-virgules.

ENCRE

À un barrage routier, un homme se fait arrêter par des policiers :

- Pourquoi enlevez-vous vos lunettes pour faire **l'alcootest?**

- Parce que cela fait toujours **deux verres en moins.**

- Il faudrait un peu savoir ce que tu veux, dit un homme à sa femme. Depuis près d'**un an**, tu me cries après, matin et soir, d'enlever les décorations de Noël. Et, aujourd'hui, lorsque je me décide à le faire, tu viens me dire que ce n'est plus la peine, parce que Noël, **c'est la semaine prochaine!**

Mon premier est le participe passé du verbe « lire ».

Mon second est l'état des cheveux une fois colorés.

Mon tout est l'assistant du père Noël.

QUAND DOIT-ON ÉVITER D'ÊTRE SUIVI PAR UN CHAT NOIR?

RÉPONSE : QUAND ON EST UNE SOURIS.

Antoine arrive en retard à l'école. Son enseignante lui demande :

- Pourquoi es-tu en retard ce matin, Antoine?

- Ben, je rêvais que je regardais un match de hockey à la télévision et il y a eu des **prolongations**. Alors je suis resté!

QUEL EST LE MEILLEUR CHIFFON POUR NETTOYER LES VITRES?

RÉPONSE : UN MOUCHOIR À CARREAUX.

Un écureuil se gare devant un panneau de stationnement interdit. Un policier arrive et demande :

- Vous voulez **une amende?**

L'écureuil répond :

- Non, je préfère **une noisette.**

Mon premier est une grande
étendue où pousse le maïs.

Mon second est une boisson
chaude.

Mon tout est l'action de
faire « la, la, la… ».

QUEL EST LE COMBLE POUR UN INFORMATICIEN?

RÉPONSE : C'EST DE SURSAUTER À LA VUE D'UNE SOURIS!

QU'EST-CE QUI EST TRÈS LÉGER MAIS QUE L'ON NE PEUT RETENIR LONGTEMPS?

RÉPONSE : LE SOUFFLE.

Un homme qui a un peu bu tire à la carabine dans une foire. Il est bon tireur et réussit à toucher dans le **1000**. Il gagne une **tortue**.
Il revient un quart d'heure plus tard et gagne de nouveau. On lui donne une poupée, mais il demande :

  - Vous n'auriez pas un **sandwich** comme tout à l'heure?

En 1853, le mathématicien
William Shanks a calculé
le nombre « **pi** » jusqu'à
la 707ᵉ décimale, mais il
s'est trompé après la 528ᵉ.

J'AI 3 TÊTES, 3 JAMBES, 1 BRAS ET 6 DOIGTS. QUI SUIS-JE?

RÉPONSE: UN MENTEUR!

Le claquement d'un fouet,
c'est un peu comme quand
on passe le mur du son.

Au restaurant, un client demande :
- Est-ce que vous servez
des nouilles ici?
- Bien sûr, monsieur! Ici,
nous servons tout le monde!

- Il y a des lettres qui sont à l'envers sur mon clavier d'ordinateur.

- Ah, oui? Lesquelles?

- Le H, le I, le X, le O...

- Martin, quelle heure est-il?

- Je ne sais pas, cela **change** tout le temps.

Mon premier est le contraire de froid.

Mon second est la base d'une célèbre boisson gazeuse.

Mon tout est une gâterie du temps des fêtes.

COMBIEN FONT :

3 X 37?
Et 6 X 37?
Et 12 X 37?
Et 15 X 37?...

AMUSANT, NON?

TROIS SOUS ROULAIENT SUR LE PONT, MAIS ILS SONT TOMBÉS À L'EAU. POURQUOI?

RÉPONSE : JUSTEMENT, PARCE QU'ILS ÉTAIENT SOÛLS!

LE SAVAIS-TU?

La baie d'Hudson est la plus grande baie du monde.

QUEL EST LE MOT LE PLUS LONG
DE LA LANGUE FRANÇAISE?

RÉPONSE : ÉLASTIQUE.

LE SAVAIS-TU?

L'île Manitoulin, dans
le lac Huron, est la
plus grande île du
monde qui soit située
dans un lac.

Qu'est-ce que les enfants usent le plus à l'école?

Les enseignants!

Après la leçon de géographie sur les déserts, l'enseignante demande :
- Où poussent les **dattes?**
- Sur le **calendrier**.

Après avoir couvé environ **200 000 petits**, la pieuvre femelle meurt. Seulement un ou deux des **200 000 petits** survivront, pour devenir eux-mêmes parents.

Les éléphants peuvent bouger grâce à **40 000 muscles** qui travaillent.

QU'EST-CE QUI CONTINUE PENDANT DES KILOMÈTRES SANS JAMAIS CHANGER DE PLACE?

RÉPONSE : LA ROUTE!

Un homme demande à un **avocat** :

- Quel est le montant de vos honoraires?

L'avocat lui répond qu'il demande **3000** $ pour **trois questions**.

- N'est-ce pas un peu excessif?

- Non. Quelle est votre **troisième** question?

QUELLE DIFFÉRENCE IL Y A-T-IL
ENTRE UN HOMME ET UN CHAT?

RÉPONSE : AUCUNE. TOUS LES
DEUX ONT PEUR DE
L'ASPIRATEUR!

Mon premier est le deuxième mot de la négation.

Mon deuxième est le diminutif familier de petit.

Mon troisième est le contraire de blanc.

Mon tout est une étendue gelée.

Les jeunes permocptères d'Égypte, une espèce de vautours, apprennent à laisser tomber des cailloux sur les œufs d'autruche pour pouvoir manger ce qu'il y a à l'intérieur.

Si elle en a la chance, la mante religieuse dévorera toujours le mâle après l'accouplement. Même si le mâle est très religieux et prie très fort, il ne peut pas s'en sauver.

Vous connaissez l'histoire de **Shhhhh** le poisson?

Une poêle, du beurre, c'est l'heure du souper et... **Shhhhh** le poisson!

Le papa de Thomas lui dit :

– Tu travailles **lentement**, tu apprends **lentement**, tu marches **lentement**. Y a-t-il quelque chose que tu fasses vite?

– Oh oui! dit Thomas. Je me fatigue **vite**.

POURQUOI LES TRAINS ÉLECTRIQUES VONT-ILS PLUS VITE QUE LES TRAINS À VAPEUR?

RÉPONSE : PARCE QU'ILS ONT ARRÊTÉ DE FUMER.

COMMENT PEUT-ON ENFONCER UN CLOU SANS SE FRAPPER LES DOIGTS?

RÉPONSE : C'EST SIMPLE, ON TIENT LE MARTEAU À DEUX MAINS!

Les poissons meurent
rarement de vieillesse.
Ce sont leurs prédateurs qui
en viennent généralement
à bout avant.

Un terroriste et un meurtrier sont dans une voiture. Qui conduit?

La police!

- Ma maison a été dévalisée. Ils m'ont tout pris, sauf un savon, ma brosse à dents et le gant de toilette.

- Ah, les sales voleurs!

Après avoir pondu plusieurs
fois, la femelle espadon
se transforme en mâle.

Les écailles de poisson rendent nacrés la plupart des fards à paupières.

Les anguilles ne sont pas des serpents; ce sont de longs poissons minces.

En classe, Julie accroche
l'affiche du film *Titanic*.
L'enseignant lui dit :
  - Ton affiche est penchée.
  - C'est normal, monsieur,
  le bateau va couler!

Saviez-vous que les essaims
de petits insectes sont
habituellement composés
de mâles qui essaient d'attirer
les femelles?

Solutions des charades